Route de commerce palestinienne
Sous autorité égyptienne (Nouvel Empire)
Vers le pays de Pount
Routes des caravanes nubiennes
Oasis
Ressources naturelles
Sites principaux
Temples
Gaza
Pi-Ramsès
SINAÏ
Cuivre
Cuivre
DÉSERT ARABIQUE
ARABIE
MER ROUGE
Deir el-Bahari
Granit
Dendérah
Karnak
Louxor
Esna
Or
Edfou
Granit
Kom Ombo
Éléphantine
Assouan
Philae
Or

Éditeur : Sandra Berthe
Directeur de collection : Pierre Miquel

Auteurs :
Yves Cohat
Textes originaux : Pierre Miquel
Isis, déesse du Nil : Anne Blanchard

Illustrations originales : Pierre Probst
Conception graphique : François Lemaire

Nous remercions :
Jean-Pierre Leblan, Claire Hostalier, Anne-Laure Estèves

Crédits iconographiques et littéraires

p. 51 à 59 : *Isis, déesse du Nil*, Anne Blanchard, collection « L'Histoire fabuleuse », © Hachette, 1990.

Cartographie, © Miss ;
p. 51, p. 58 : *Le livre des morts*, papyrus d'Ani, Fac-similé, Londres, British Muséum, © Photothèque Hachette ;
p. 53, p. 59 : vantaux intérieurs de la quatrième chapelle funéraire de Toutankhamon, Nouvel Empire, XVIIIe dynastie, © Photothèque Hachette ;
p. 54 : peinture du temple de Séthi Ier, XIXe dynastie, extrait de *The Temple of King Sethi Ier at Abydos*, University of Chicago, © Photothèque Hachette ;
p. 55 : peinture de la tombe de Nakht, XVIIIe dynastie, Thèbes, Collège de France, Paris, © Photothèque Hachette ;
p. 57 : *Le livre des morts*, papyrus d'Ani, Fac-similé, Londres, British Muséum, © Photothèque Hachette.

ISBN : 2-01292-028-4
Imprimé par Deaprinting en Italie
Dépôt légal : 75727 – octobre 2006 – Édition 01
EAN : 978-201292028-6
Loi n° 49-956 du 16 juillet 1949 sur les publications destinées à la jeunesse

LA VIE PRIVÉE DES HOMMES

Collection dirigée par Pierre Miquel, professeur émérite à la Sorbonne

LES ÉGYPTIENS

De la Ire dynastie à la conquête d'Alexandre

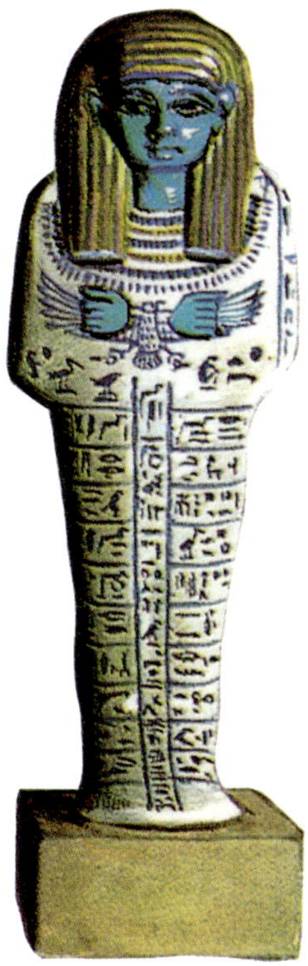

HACHETTE
Jeunesse

AUTOUR DU NIL

À L'AVENTURE !

VIE QUOTIDIENNE

CHACUN SON MÉTIER

DE GRANDS ÉDIFICES

PARMI LES PUISSANTS

UNE HISTOIRE DE...

La terre sort de l'eau

Avant la grosse chaleur de la journée, les paysans sont venus en foule dans le delta pour semer le blé. Il faut faire vite. Nous sommes à la mi-octobre. Comme chaque année, le grand fleuve vient de se retirer après les grandes crues de l'été et du début de l'automne.

Depuis quatre mois, la vallée dormait sous les eaux. La terre est encore molle, le limon peut se retourner facilement. Mais dans quelques jours il aura séché, il deviendra dur et difficile à travailler. Les semeurs et les laboureurs œuvrent ensemble. Quand on passe la charrue, ce n'est pas pour tracer des sillons, mais pour retourner le sol qui vient d'être ensemencé. Le semeur puise les graines dans un panier d'osier qu'il a lui-même fabriqué avec des roseaux.

Quand vient le temps de la récolte, les scribes et les serviteurs des maîtres mesurent les grains au **boisseau** pour déterminer la part que les paysans doivent garder en semence, et celle qu'ils doivent livrer aux agents du pharaon et aux prêtres des temples.

Les premières gerbes récoltées sont offertes aux dieux. Le grain est ensuite versé dans des silos. Gare aux paysans qui essaient de détourner une partie de la récolte : les scribes les surveillent attentivement.

Avec de simples pioches en bois, des paysans égyptiens retournent le limon **humide pendant que d'autres sèment des céréales comme l'orge ou le millet et du lin pour fabriquer des étoffes.**

Le vin est conservé dans des jarres soigneusement bouchées avec des capuchons en glaise. Sur chacune d'elles, on inscrit le millésime, la provenance et le nom du propriétaire.

Le chadouf est un appareil à balancier qui permet de puiser l'eau du Nil. Le seau est ensuite versé dans les canaux qui irriguent les champs et les jardins.

Une fois le blé coupé avec des faucilles, les gerbes sont emmenées à l'aide de grands filets jusqu'à des bateaux qui les transportent sur le Nil.

Dans les forêts de papyrus

En se retirant, le Nil laisse sur ses bords de larges étendues d'eau, qui forment des marécages. Des forêts de roseaux, de papyrus et d'autres plantes aquatiques s'y développent. Plus on descend le Nil vers la mer, plus la surface des marais est grande.

Une population de chasseurs et de pêcheurs habite ces régions. Le papyrus est leur principale ressource. Les tiges servent à la construction des cabanes dont les murs sont à **claire-voie**, à moins que les orifices ne soient bouchés avec de la boue. On les utilise aussi pour tresser des cordes, des cages, des paniers et des **nattes**. Enfin, le papyrus permet de fabriquer en nombre illimité des barques de pêche dont certaines sont surmontées d'un mât.

L'activité principale des gens des marécages est la pêche : à la ligne, avec un hameçon et une épuisette, ou en groupe à plusieurs dizaines pour manipuler la « senne », un immense filet qui permet de rabattre les poissons sur le rivage. Ils utilisent également le harpon pour chasser et attaquer les hippopotames, nombreux sur les bords du fleuve.

La chasse aux oiseaux des marais est une ressource non négligeable. On les capture vivants en tendant deux filets de chaque côté d'une mare ou bien on les abat en plein vol grâce à des bâtons de jet dont une des extrémités est souvent décorée avec une tête de serpent sculptée.

Dans les marais du delta, les Égyptiens récoltent de grandes tiges de papyrus qu'ils utilisent pour fabriquer des vanneries, des cordes et une sorte de papier.

Le papyrus fournit aussi une excellente matière première pour la fabrication de barques peu onéreuses, maniables et légères.

Les habitants des marais pêchent de nombreux poissons parmi les cannaies et cueillent des nénuphars pour décorer temples et maisons.

La chasse et la pêche

Pour purger le Nil des hippopotames et des crocodiles qui l'infestent, les Égyptiens, montés sur de frêles esquifs en papyrus et munis d'armes rudimentaires, n'hésitent pas à les affronter dans de périlleux combats au corps à corps.

Les chasseurs les attaquent avec des harpons reliés à des flotteurs par une corde très solide. Une fois que la pointe de l'arme est profondément enfoncée dans la chair du fauve, ils s'en éloignent un peu et attendent que l'animal blessé se fatigue. Ils se saisissent ensuite de la corde et tirent dessus jusqu'à ce que leur proie soit suffisamment proche du rivage pour être achevée à coups de lance. Les paysans doivent aussi protéger leurs récoltes de l'appétit de nombreux oiseaux comme les cailles et les **loriots**. Près des arbres, ils étendent un vaste filet aux mailles très serrées, dont les coins sont retenus par de grands piquets. Quand les petits oiseaux fondent sur les cultures, ils lâchent brusquement le filet. Des enfants, qui se tenaient tapis dans les fourrés, se glissent alors dessous et cueillent comme des fruits mûrs les oiseaux prisonniers dans les mailles.

Dans le delta qui regorge de gibier, les Égyptiens traquent les canards sauvages qu'ils capturent avec des pièges mais aussi à l'arc ou avec des bâtons à lancer, sortes de boomerangs en bois lourd et dur.

Pour chasser les rapides antilopes et les redoutables hyènes, les Égyptiens se servent de lévriers qui les rabattent dans des enclos où ils peuvent facilement les abattre en les criblant de flèches.

Afin d'agrémenter les parcs et les jardins du pharaon et des vizirs, les chasseurs capturent avec des filets de grands fauves, des gazelles et des autruches dont les plumes sont particulièrement appréciées.

Un trafic intense

Le Nil est la principale voie de communication de l'Égypte. Des barques le sillonnent en tout sens. Les plus grosses, poussées par le vent, reviennent de Nubie, les cales pleines de produits tous plus précieux les uns que les autres.

À la **proue**, le pilote sonde le lit du fleuve avec une perche pour éviter les bancs de sable ou les rochers, qui pourraient fendre la coque fragile. Quand le vent tombe, les rameurs se mettent à l'ouvrage. La cabine, au centre de l'embarcation, permet aux voyageurs d'échapper au soleil implacable. Ce type de bateau comporte parfois des boxes pour les chevaux des soldats ou ceux des chasseurs.

Les Égyptiens se battant peu sur mer, la plupart de leurs bateaux servent essentiellement au commerce ou au transport de troupes. Les plus grands sont en mesure de contenir des statues colossales ou d'énormes blocs de marbre.

Avec les bateaux de haute mer, les Égyptiens peuvent atteindre les côtes de la Syrie ou les rivages des **Somalis**, qu'ils appellent le pays de Pount. Pour le passage de ces embarcations, les pharaons ont fait creuser un canal entre la mer Rouge et la Méditerranée. Ces navires ont des **rames de poupe** servant de gouvernail et une voile carrée, hissée sur un mât unique ou un mât double.

Dans le royaume de Pount, les bateaux égyptiens chargent des peaux de panthères que porteront les prêtres, de l'ivoire, de l'or, des pierres précieuses et des arbustes à encens qui serviront pour la purification.

La flotte égyptienne comptait toutes sortes d'embarcations : des bateaux de charge pour le transport du bétail ou des céréales, d'élégantes barques, des bateaux de haute mer et de lourds chalands capables de charger un obélisque.

Quand le vent vient à manquer, on abat le mât ; la voile est pliée, rangée, et l'équipage se met à la rame. Les yeux peints à l'avant du navire sont destinés à le protéger contre le mauvais sort.

Les richesses du désert

Dès que les Égyptiens s'éloignent du Nil de quelques kilomètres, ils trouvent le désert, qui isole leur pays du reste du monde et surtout de l'Asie, d'où viennent les Bédouins, attirés par les richesses de la vallée.

Les Bédouins, souvent **faméliques**, forment de petites caravanes avec leurs femmes et leurs enfants, leurs maigres bagages chargés à dos de mulets, car le chameau est encore inconnu. Quand ils atteignent la borne marquant la frontière de l'Égypte, ils doivent affronter l'interrogatoire des fonctionnaires égyptiens ; mais les gens de la vallée sont finalement assez accueillants. Les Égyptiens redoutent le désert, empire du dieu **Seth**, qui est pour eux une sorte de démon malfaisant, car du désert soufflent les tempêtes de sable. Cela ne les empêche cependant pas d'affronter ces redoutables solitudes. D'abord pour aller y chasser le lion et l'antilope, mais surtout pour y chercher des minerais. L'État, maître de ces mines, entretient une police du désert pour y surveiller les pistes. En remontant le Nil, les Égyptiens pénètrent aussi dans les régions désertiques du Sud, vers la Nubie, le Soudan actuel. Dans les villages indigènes, ils troquent leur pacotille contre des produits venus des déserts voisins ou des savanes du Sud, vers les mystérieuses sources du Nil.

Des ouvriers creusent un puits à proximité d'une piste dans le désert, sous la protection d'hommes armés. Le travail est harassant car l'eau est loin et ils ne disposent que de paniers pour remonter le sable.

Voici 3 400 ans, le prince Thoutmosis s'était endormi près d'une pyramide. Dans son sommeil, il entendit les plaintes du Grand Sphinx enfoui sous le sable par les vents du désert. Devenu roi, il fit dégager la statue géante.

Après avoir remonté le Nil au-delà des cataractes, les marchands égyptiens arrivent dans un village nubien où ils achètent des produits qu'ils revendront très cher, comme des peaux de léopards, des queues de girafes, des œufs et des plumes d'autruches.

La guerre

Le pharaon conduit toujours la bataille. Il avance sur son char, entouré de ses mercenaires. Derrière lui vient l'infanterie, lourdement équipée de piques, de boucliers, de sabres et de haches.

Les hommes avancent les uns derrière les autres, en huit colonnes parallèles. Ils sont suivis par des trompettes, qui donnent des ordres par de brèves sonneries. Puis viennent les corps d'archers et enfin les chars.
Généralement, la bataille commence par des tirs d'archers. Les chars chargent ensuite, le pharaon en tête. Une mêlée s'engage alors. Au corps à corps, on se bat avec des sabres courbes en bronze.
Quand l'ennemi est retranché dans une place forte, on donne l'assaut en criblant de flèches les défenseurs aux créneaux et en tentant de mettre le feu aux remparts, souvent construits en bois. Les portes sont défoncées une fois que les fossés ont été comblés avec tous les matériaux disponibles. Il n'existe pas encore de machines de siège.
La victoire donne lieu à de grandes réjouissances, après le pillage des villes ennemies. Le partage du butin se fait méthodiquement, sous le contrôle des scribes, car le pharaon donne à chacun sa part. Quant aux vaincus, ils doivent remettre au pharaon, tous les ans, une quantité déterminée d'or, d'argent, de défenses d'ivoire, et d'objets manufacturés.

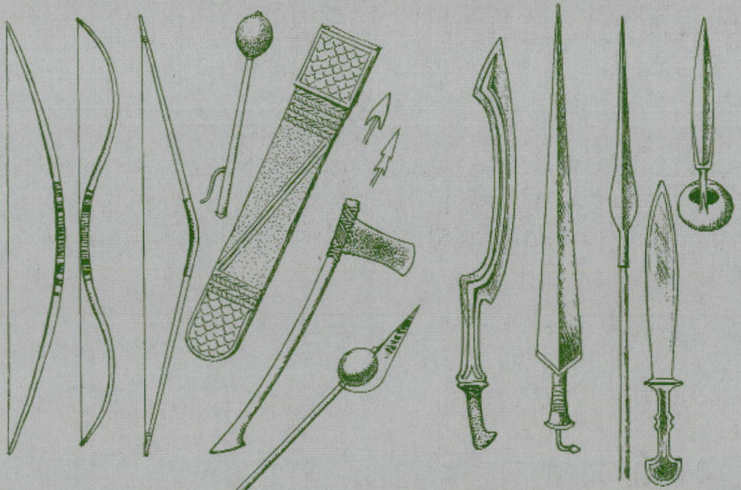

Après la victoire, Pharaon, entouré de sa garde de mercenaires, écoute le rapport d'un scribe, qui lui annonce le nombre d'ennemis tués. Ceux-ci ont été comptabilisés grâce aux mains droites tranchées sur les cadavres.

À l'issue du combat, les prisonniers sont emmenés attachés jusqu'à Thèbes pour témoigner du triomphe de Pharaon. Ensuite, ils seront enrôlés de force dans l'armée, travailleront dans les champs ou construiront les temples.

Les nobles et les princes combattent sur des chars attelés de chevaux. Aussi, le soir à l'étape, des soldats vérifient l'état des roues pendant que d'autres pansent les chevaux et préparent le campement.

Dans les villes et les villages

Les villes sont rares en Égypte : la population vit surtout dans des villages, qui sont des lieux de rencontres et d'échanges. Les paysans y trouvent, à dates fixes, des marchands qui leur fournissent les produits dont ils ont besoin.

Le village est édifié autour d'un point d'eau, quand il ne s'étend pas au bord même du fleuve. Les habitations des paysans sont sommairement faites de brique ou de boue séchée, ou avec des papyrus dans les marécages. Dans les villes, l'espace le plus important est occupé par des palais et des temples. Les maisons des grands personnages, entourées d'épaisses murailles, peuvent couvrir plus d'un hectare et disposent de tous les éléments du confort : piscines, jardins, galeries à **colonnades**…
Les marchands et les artisans se regroupent dans les rues animées. Ils fabriquent les sandales, les vêtements, les outils et les armes. Certaines rues exhalent une odeur repoussante, celle des échoppes de tanneurs, par exemple, car les peaux sèchent en plein air… Devant leurs ateliers, les potiers offrent à la clientèle pauvre du quartier leurs objets décorés. Seuls les riches, qui se déplacent la plupart du temps en chaise à porteurs, peuvent s'acheter des objets de luxe.

Le coiffeur s'est installé sous une toile sur la place d'une ville. Assis sur un trépied, les clients se font laver la tête avec une eau savonneuse et tondre le crâne au moyen d'un long rasoir.

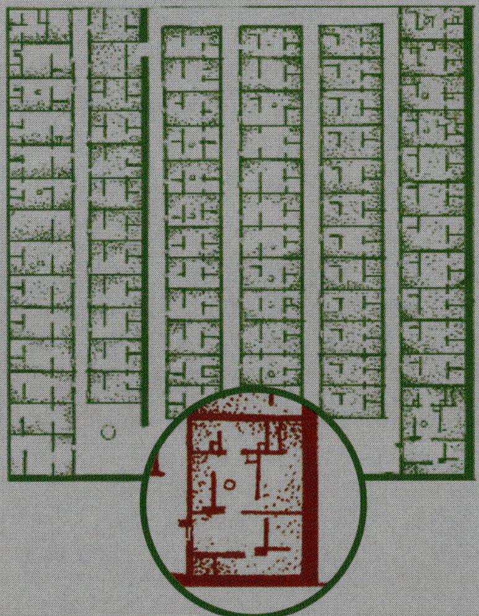

Sous le Nouvel Empire, il existe des villages entourés d'un mur de brique et réservés aux ouvriers. Alignées le long de rues perpendiculaires, les maisons ont chacune quatre pièces, à l'exception de celle du chef du village, beaucoup plus grande.

Les Égyptiens ignoraient l'argent et les pièces de monnaie. Aussi tous les échanges se faisaient grâce au troc. Cette femme propose un collier de coquillages contre les deux grandes plaques de sel dressées contre l'abri du marchand.

Au cœur des maisons

À l'abri d'un haut mur de briques, la maison des riches se dissimule aux regards indiscrets. Elle est entourée de jardins luxueux où l'oie familière se dispute avec la mangouste qui fait bonne garde et protège les habitants des attaques des serpents.

Les **notables** ont, dans leur maison, des esclaves et des serviteurs. Libres, ceux-ci doivent écouter les ordres du maître, l'accompagner dans ses sorties, lui porter ses sandales, faire place dans la rue devant lui, accueillir les visiteurs et les solliciteurs. En outre, ils l'habillent et le chaussent. Les femmes disposent de servantes. Celles-ci s'occupent des enfants, que les familles égyptiennes ont en quantité. Les notables, qui ont souvent plusieurs femmes, éduquent ensemble tous leurs enfants (Ramsès II a eu 162 enfants !). Dans les milieux les plus défavorisés, les plus jeunes sont élevés par leur mère, qui les porte contre leur poitrine, dans une besace attachée à leur cou. Quand ils quittent le sein maternel, on les nourrit de pousses de papyrus et de racines bouillies. Beaucoup meurent en bas âge. Les enfants reçoivent un nom, enregistré par les scribes. Les Égyptiens n'ont pas de nom de famille : chaque nouveau-né porte un nom différent de celui de son père.

La maîtresse de maison est à sa toilette. Une servante la coiffe et la farde. Elle pourra juger du résultat grâce au miroir en bronze poli posé sur le coffret contenant les onguents et les poudres de maquillage. Derrière elle, un enfant joue avec de petits lézards.

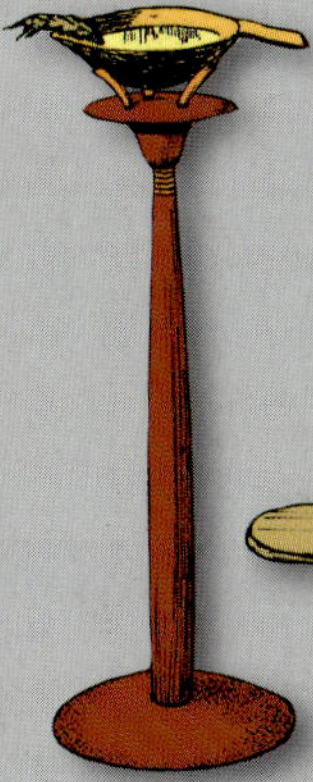

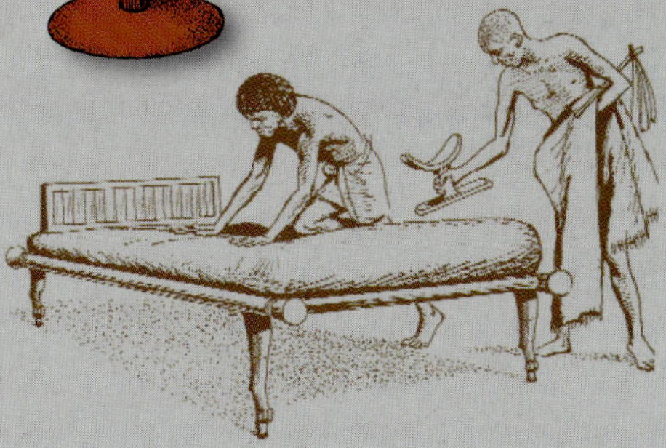

Dans la cuisine d'une grande maison, les cuisiniers font rôtir des canards et des oies à la broche et découpent des pièces de bœuf et de mouton. Ces morceaux de viande seront accompagnés de choux, d'oignons et de concombres.

Deux serviteurs préparent le lit d'une riche Égyptienne. L'un finit d'étendre les draps sur des coussins pendant que l'autre place un chasse-mouches et un chevet, appuie-tête en bois que les Égyptiens utilisent comme oreiller.

Jeux et loisirs

Les Égyptiens disposent de nombreux loisirs. S'ils apprécient particulièrement les exercices physiques, leurs enfants trouvent toujours le temps de se réunir, dans la rue ou sur la place du village, pour organiser des jeux de balle ou se mesurer à la lutte.

L'un des jeux que les Égyptiens préfèrent porte le nom de « chevreau à terre » : deux garçons s'assoient au sol, face à face, bras et jambes tendus ; d'autres doivent sauter au-dessus d'eux sans se laisser attraper.
Ils organisent aussi des courses sur les genoux, les pieds pris dans les mains.
Les garçons jouent de la flûte quand les filles se baignent, généralement nues, ou vêtues de lin léger, un ruban ceignant leurs cheveux. Ils se produisent aussi à la fin des repas de famille, non seulement à la flûte, mais aussi au **luth** et au tambourin. Chez les riches, on gratte la harpe ou la cithare. Les Égyptiens aiment se retrouver le soir pour entendre les conteurs narrer de mystérieuses histoires et réciter les légendes anciennes. Les jeunes nobles accompagnent également leur père dans leur passe-temps favori : la chasse dans le désert. Ils poursuivent antilopes et gazelles, qu'ils criblent de flèches, et cherchent les œufs et les plumes des autruches. Grâce à cette activité, ils sont entraînés très jeunes comme des guerriers.

Les enfants jouent dans la rue ou le long du Nil. Les garçons aiment se mesurer à la lutte ou s'exercer aux haltères alors que les filles, qui préfèrent les jeux d'adresse, jouent à la balle, montées sur le dos de leurs compagnes.

Dans les familles riches, les enfants disposent de jouets articulés en bois d'une ingénieuse fabrication : le crocodile et l'hippopotame sont les modèles les plus répandus.

Le pharaon aime jouer à différents jeux de société avec les femmes de son harem. Ceux qu'il préfère sont le *zénet*, une sorte de jeu de dames qui se pratique sur un damier rectangulaire de 33 cases, et le jeu du serpent, très proche de notre jeu de l'oie.

Les plaisirs de la fête

Les puissants seigneurs que sont les gouverneurs de province organisent régulièrement de superbes fêtes. Dans leur grande maison, dont la terrasse donne sur le Nil, ils reçoivent les invités de passage, les seigneurs des familles nobles et les fonctionnaires méritants.

Le maître de maison et sa femme se tiennent côte à côte sur des sièges bas. Devant eux, de jeunes musiciennes jouent des airs connus. Sur leurs vêtements d'apparat, ils arborent leurs plus riches bijoux.
Les invités sont assis sur des nattes. Les hommes et les femmes forment deux groupes distincts ; des jeunes gens servent le premier, des jeunes filles le second.
Les serviteurs parent les convives de colliers de fleurs et renouvellent constamment au sommet des coiffures les cônes de graisse parfumée qui embaument.
On apporte plusieurs mets : des poissons délicats, des oies ou des canards rôtis, des cailles ou des brochettes d'oiseaux. Les servantes présentent des corbeilles remplies de fruits : figues, pastèques et raisins. Les gâteaux très sucrés sont nombreux. On boit du vin et de la bière.
Après le repas, on écoute le concert des harpistes et des flûtistes. Les instruments les plus répandus sont la double flûte et le luth qui animent les danses ou accompagnent les chanteurs. Souvent, l'un des convives remercie son hôte en improvisant une sorte de poème chanté accompagné par les musiciens.

Les harpistes, dont l'un est aveugle, tirent des sons tristes de leur instrument en forme de pelle : c'est un concert funéraire. Les chanteurs se lamentent en cadence, au son de la clarinette double et de la flûte longue, taillée dans les roseaux.

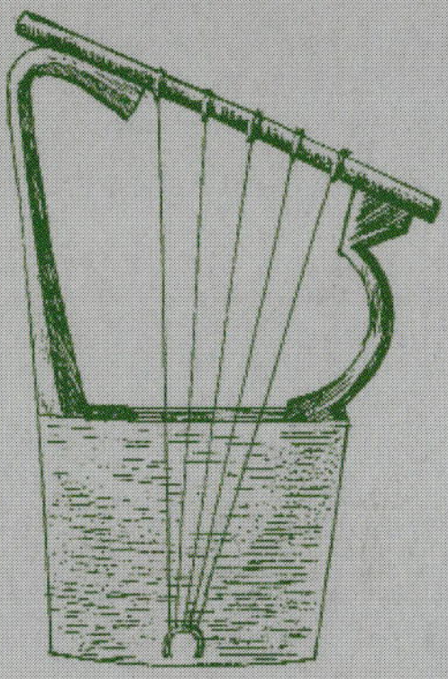

Les instruments de musique égyptiens sont variés : il y a des cithares, des grandes harpes, des flûtes, des luths et des tambours...

Les instruments de musique qui accompagnent les danseuses sont très simples ; les enfants les fabriquent parfois eux-mêmes : de petites planchettes que l'on frappe l'une contre l'autre, et que l'on a taillées en forme de lotus.

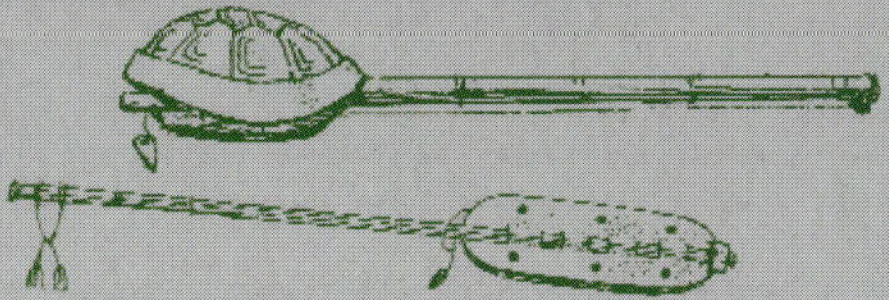

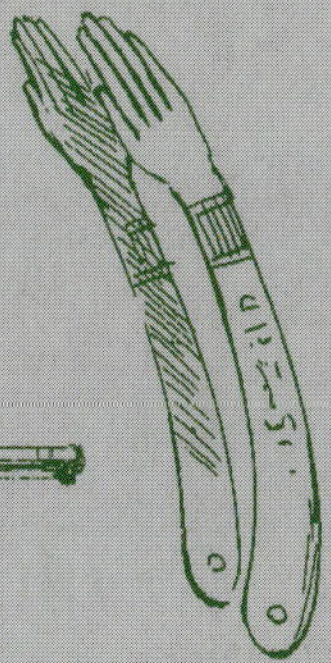

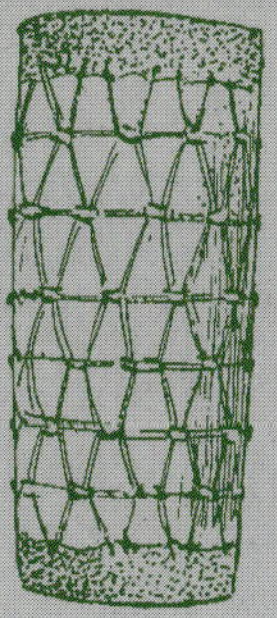

La demeure du mort

Les Égyptiens croient à la survie de l'âme et du corps après la mort. Chaque homme possède son « ba », âme portant ses qualités morales et intellectuelles, mais aussi son « ka », son double spirituel.

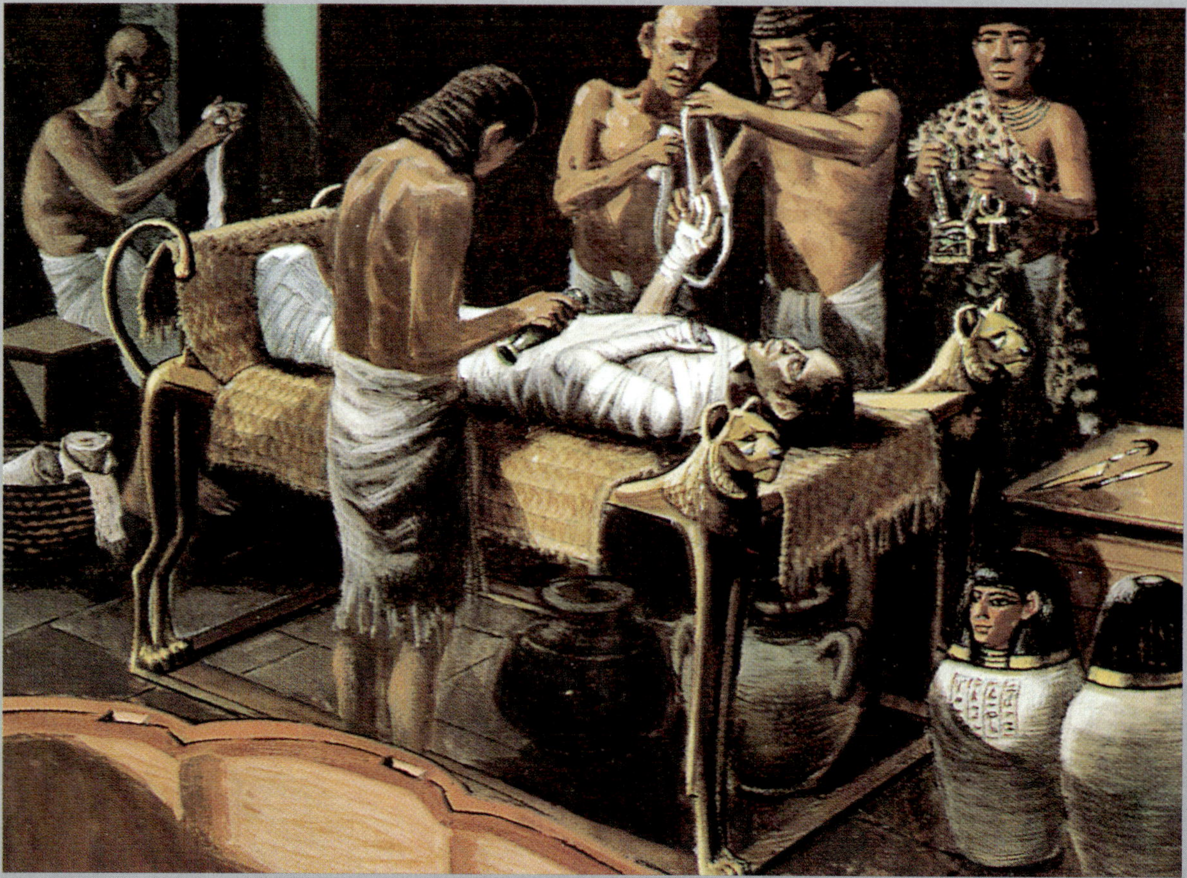

Pour éviter que la dépouille du défunt ne s'abîme après la mort et que le « ka » ne disparaisse, faute de nourriture, les Égyptiens embaument son corps. Enveloppé dans de fines bandelettes, ils enferment ensuite la **momie** ainsi formée dans un **sarcophage** dont le couvercle porte l'image sculptée du disparu.
À l'intérieur, ils ont aussi placé des rouleaux de papyrus sur lesquels figurent des formules magiques, qui aident le mort à franchir tous les obstacles qui le séparent de l'éternel repos.
La chambre funéraire est pourvue de ressources permettant au corps de survivre : des aliments, des boissons, des meubles pour le repos, des statuettes figurant les servantes et les serviteurs.
Les vivants doivent fournir des offrandes à tous les morts, qu'ils aient été riches ou pauvres.
Devant les tombes privées des puissants personnages de l'Ancien Empire, comme devant les **sépultures** des plus humbles, signalées par une simple pierre, un autel reçoit les volailles, le blé et les fruits dont le défunt a besoin.
Le culte des morts met tous les hommes à égalité devant la pesée des âmes et la sentence du jugement suprême.

Les pauvres sont enterrés dans le sable, enveloppés dans une simple natte. On creuse un trou carré et on plie les membres du mort pour qu'il puisse reposer, couché sur le côté. La fosse une fois comblée, on la recouvre avec une grosse pierre.

Aucune inhumation ne peut se dérouler sans le rite de l'« ouverture de la bouche », pendant lequel un prêtre lit des formules magiques.

Sous l'Ancien Empire, les riches se font enterrer dans des tombeaux en pierre, les mastabas, dans lesquels on mure leur statue-portrait.

Dans les hypogées **royaux de Thèbes,** la chambre funéraire qui abrite le sarcophage se situe au fond d'une galerie creusée dans la montagne.

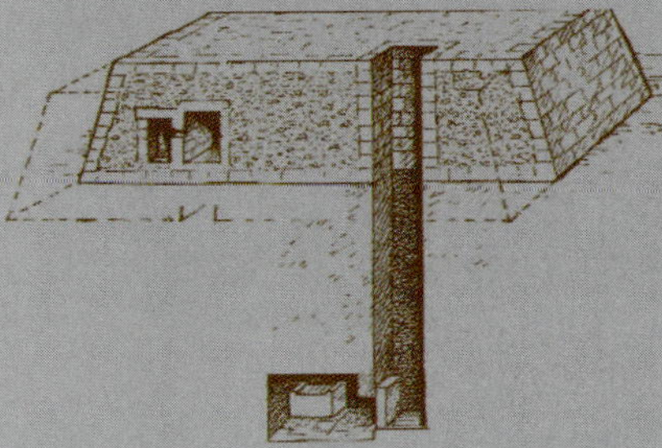

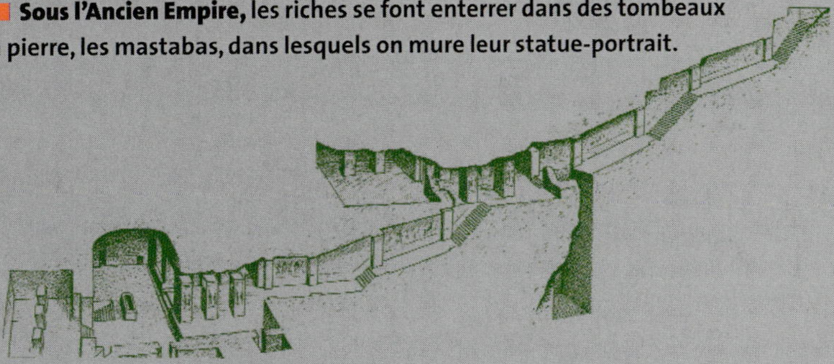

Les gardiens de troupeaux

Les Égyptiens, depuis le début de leur histoire, ont domestiqué le chien, précieux auxiliaire pour la chasse, ainsi que le bœuf et l'âne, dont ils se servent pour les transports. Les vaches, pauvres en lait, tirent les charrues.

Les temples possèdent des troupeaux innombrables : celui du dieu Rê, à Héliopolis, comportait près de 50 000 têtes ; celui d'**Amon** plus de 400 000. C'est que les temples sont, en Égypte, les principaux propriétaires fonciers, avec les princes de la famille régnante, les dignitaires et, bien sûr, le pharaon lui-même.

À date fixe, les paysans doivent présenter les troupeaux pour qu'ils soient enregistrés et contrôlés. Tous les animaux domestiques sont alors réunis dans la cour du domaine, en présence des intendants. On juge de l'état des bêtes, qui doivent subir un examen sanitaire. Le nombre de veaux et celui des agneaux nés dans l'année sont notés avec précision.

Le mouton n'est apprécié que par les hommes du désert. Dans la plaine, on préfère le porc et la chèvre, dont on tire le lait servant à la fabrication des fromages. L'élevage fournit à la table des riches des viandes abondantes et succulentes. Mais les responsables des troupeaux, les pauvres paysans, ne peuvent guère en profiter.

Pour éviter les vols de bétail, très fréquents dans les fermes, le propriétaire fait marquer ses bêtes. Les animaux sont pris au lasso ; on leur attache les pattes deux par deux, puis on les marque au fer rouge. Les scribes comptent avec soin les bêtes du troupeau.

Les oies et les canards sont des mets très appréciés. Pour les paysans des villages, ils constituent une réserve de nourriture. On les gave avec du grain. Les grues cendrées, capturées sur les bords du Nil, font aussi l'objet d'un élevage.

Les Égyptiens ont essayé d'apprivoiser la plupart des animaux sauvages qui les entouraient. Ils ne réussirent ni avec l'oryx, ni avec les bouquetins. Mais ils continuèrent néanmoins à les capturer, les engraissant avec une nourriture adaptée.

Des artisans habiles

Les maîtres des grands domaines constituent sur leurs propriétés des centres rassemblant tous les corps de métier : des brasseurs, des boulangers, des ateliers de tissage et de filature, des charpentiers, des menuisiers, des bronziers, des cordonniers et des potiers.

En Égypte, la plupart des métiers sont exercés par des hommes libres. Les rares esclaves, prisonniers de guerre originaires de Nubie ou de Palestine, travaillent, sous la surveillance de chefs de corvées, à la construction des grands bâtiments comme les murs d'enceinte des temples. Le travail ne présente pas de réelle difficulté, mais il est fastidieux : sous un soleil de plomb, les hommes doivent malaxer la boue du Nil avec de la paille hachée puis mouler des briques qui, une fois séchées au soleil, deviennent très résistantes.
De leur côté, les hommes libres, employés comme ouvriers, ne manquent de rien ; on les nourrit en puisant dans les réserves, on les loge convenablement et on leur verse un salaire en nature, la monnaie n'existant pas.
Parfois pourtant, la situation se dégrade. Les ouvriers se mettent alors en grève. Certains décident d'en appeler à Pharaon et le supplient de ne pas les laisser mourir de faim.

Pour construire les bateaux, les charpentiers disposent d'un outillage rudimentaire composé de scies, de haches, de ciseaux et d'herminettes.

Les Égyptiens sont de très bons artisans ; les tisseuses savent fabriquer des toiles en lin très fines et les cordonniers réalisent d'excellentes sandales en cuir ou en papyrus tressé. À partir du Moyen Empire, les prêtres portent parfois des peaux de fauves, insignes de leur dignité.

Le papier de papyrus est fabriqué avec la moelle de la plante découpée en lamelles. Disposées en deux fines couches entrecroisées, mouillées et martelées longuement, elles forment une seule feuille qui, collée à d'autres, constitue le rouleau de papyrus.

Les artistes sont partout

Les palais, les temples et les monuments funéraires font l'objet de tous les soins des pharaons. Ceux-ci entretiennent de nombreux artisans : tailleurs de pierre, architectes, sculpteurs, peintres et bronziers.

Les **carriers** fournissent aux sculpteurs sur pierre les matériaux les plus variés : le calcaire blanc du sud de Thèbes est très recherché, car il est facile à travailler. On utilise aussi le **quartzite** rouge, le granit rose, gris et noir, l'**albâtre** et un **schiste** gréseux, de couleur sombre : la pierre de Bekhen (du nom d'une montagne). Dans les carrières d'Assouan, les sculpteurs sont capables de réaliser, d'une seule pièce, la statue colossale d'un pharaon. Ils s'exécutent sous l'œil vigilant d'un maître de travaux. Pour transporter la statue géante jusqu'au temple, une armée de manœuvres doit entrer en action. Ils la placent d'abord sur un gigantesque traîneau fait de **madriers** réunis par des traverses. Ensuite, les hommes tirent les madriers à l'aide de quatre longues cordes sur le sol rendu glissant par des porteurs d'eau, qui l'aspergent à profusion. Une foule immense assiste au départ de la statue environnée d'encens et inondée de parfum.

Pour décorer les parois des tombeaux royaux, les peintres dessinent d'abord une esquisse sur un morceau de pierre avant de la reporter à l'ocre rouge sur les monuments. Ils remplissent ensuite ces contours avec de la peinture fabriquée avec des pigments minéraux.

Pour percer les trous qui lui permettront de réaliser le paillage de ce fauteuil, l'ébéniste se sert d'un foret doté d'une pointe en silex. Il l'anime d'un mouvement de va-et-vient grâce à une sorte d'archet tout en appuyant dessus avec un gros caillou.

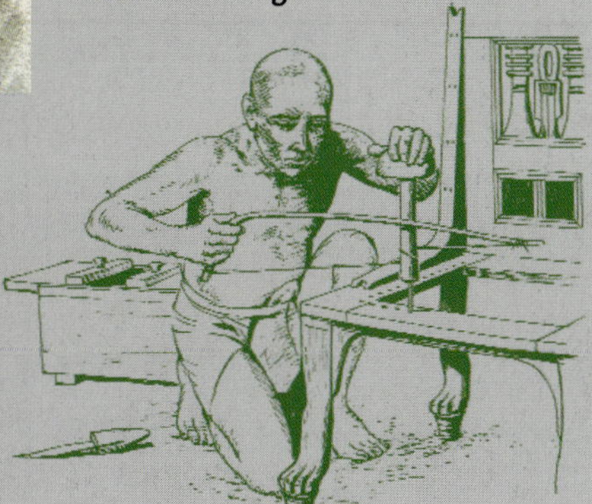

Les sculpteurs travaillent au ciseau le bloc de pierre, selon l'esquisse qu'ils y ont reportée, en suivant attentivement les contours. La pierre est ensuite polie avec soin. Les peintres anonymes, qui ne signent jamais leur œuvre, décorent ensuite le bas-relief.

La puissance des scribes

Les scribes se recrutent dans la classe des lettrés, de ceux qui ont appris à lire et à écrire : ces fonctionnaires sont ainsi les véritables maîtres du pays. Ils sont éduqués dans les écoles des temples et étudient durant de longues années.

Le pharaon gouverne l'Égypte par l'intermédiaire de hauts fonctionnaires, dont les plus importants sont les vizirs de Haute et de Basse-Égypte. Ceux-ci commandent à leur tour aux gouverneurs des provinces, les nomes, qui disposent de nombreux serviteurs, les scribes, pour faire rentrer les impôts, rendre la justice, effectuer les levées de soldats, assurer les grands travaux d'irrigation et le service des temples. Les scribes sont en outre chargés de coucher sur le papyrus les textes des traités, des mesures judiciaires, des messages du pharaon ainsi que les comptes des propriétaires terriens. Quand ils entrent dans l'administration, ils changent souvent de services, passant de la justice à l'armée, des grands travaux au maintien de l'ordre dans les villes. Dans l'immense foule des artisans et des paysans, les scribes sont les seuls à disposer d'une identité, les seuls dont on connaisse encore aujourd'hui les noms.

Deux hommes ont volé quelques grains dans les greniers de pharaon. Mais leur larcin a été découvert par les scribes qui tiennent une comptabilité précise des réserves. Ils sont présentés au vizir qui décidera de leur sort.

Les peuples conquis sont tenus d'envoyer au pharaon un tribut annuel, dûment calculé. Ces objets (défenses d'éléphants, animaux exotiques, anneaux d'or, pierres précieuses), enregistrés par les scribes du vizir, sont offerts en grande pompe au pharaon.

L'apprentissage des jeunes scribes est long et difficile. Les professeurs, toujours un bâton à la main, n'hésitent pas à s'en servir pour battre leurs élèves.

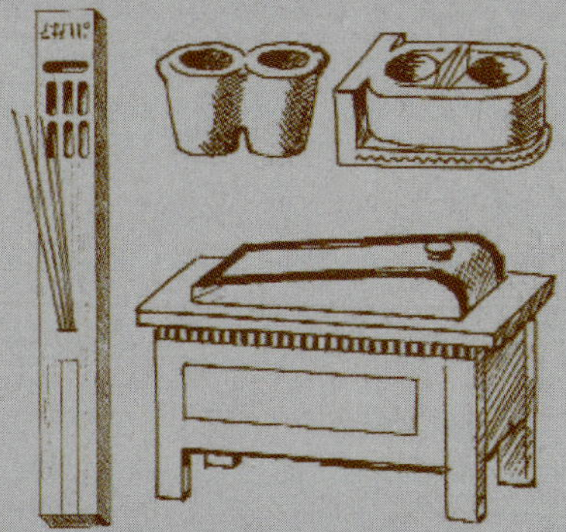

Tout l'équipement du scribe tenait dans un petit coffre ; il se composait d'une palette marquée à son nom, de calames pour tracer les hiéroglyphes, d'encriers et d'un pilon pour écraser les pigments.

Tous les métaux sont précieux

Les ateliers de métallurgie appartiennent aux temples ou à l'État. L'or et l'argent sont destinés aux ateliers d'orfèvrerie et de sculpture. Le cuivre, qui sert à faire le bronze, va aux fabricants d'outils et d'armes et aux sculpteurs, qui façonnent les portes des temples.

L'or est infiniment précieux : il circule sous bonne garde. Il vient du désert séparant le Nil de la mer Rouge. Des caravanes d'ânes, escortées par des archers pour les protéger des pillards bédouins, le transportent jusqu'aux **comptoirs** où les scribes le contrôlent à la pesée.
Dans les mines, personne n'a le droit de toucher l'or, qui est considéré comme « la chair des dieux ». Dans l'obscurité et la chaleur des galeries, les mineurs chauffent d'abord la roche pour qu'elle soit plus friable avant de l'attaquer en enfonçant dans le filon des coins de métal.
Mais bientôt, les mines du désert ne suffisent plus. On remonte alors le Nil pour exploiter celles de Nubie. Le cuivre et les pierres précieuses sont recherchés dans le Sinaï. Avec le cuivre et l'étain, on confectionne des armes et des outils en bronze. Les Égyptiens ne connaîtront les techniques de la fabrication du fer que vers la fin de leur histoire, au Ier millénaire avant J.-C.

Les pierres et les métaux précieux font l'objet d'un commerce important. Les turquoises et les lapis-lazulis **sont particulièrement recherchés et l'or, qu'il faut aller chercher jusqu'en Nubie, est fondu en anneaux avant d'être pesé chez l'orfèvre.**

Le four à cuivre est construit avec des briques circulaires qui retiennent la chaleur. Le cuivre fondu se dépose au fond du four ; la gangue qui reste en surface s'écoule dans une cuvette en forme d'anneau. À gauche, le cuivre récupéré dans le four et un anneau de gangue.

Les bijoutiers égyptiens réalisent de véritables chefs-d'œuvre. Ce pectoral est en or incrusté de lapis-lazulis, de cornalines et de turquoises.

Des orfèvres appliquent des feuilles d'or sur un sarcophage en bois. À l'aide d'un os, ils façonnent le précieux métal sur son support puis le polissent avec une agate.

Pour mouler en creux la forme de la porte d'un temple, les fondeurs versent le métal en fusion dans des godets qui surmontent le moule. Derrière, des ouvriers actionnent sans arrêt de puissants soufflets afin de fondre les lingots de cuivre.

Des architectes extraordinaires

Pour honorer leurs dieux et leurs pharaons, les Égyptiens veulent des temples et des tombeaux indestructibles. Il faut, pour cela, des blocs de pierre. Leur recherche est parfois conduite comme une expédition militaire.

Ramsès II mobilise ainsi près de 10 000 hommes pour aller extraire de la pierre de Bekhen. Outre 5 000 soldats, employés comme manœuvres, des quantités de fonctionnaires, de prêtres, d'écuyers et même de pêcheurs chargés de ravitailler la troupe, font partie de l'expédition.
130 carriers et tailleurs de pierre choisissent et détachent les blocs qui serviront à la construction du temple et à la création des statues. À la force des bras, les blocs sont détachés un à un, évacués par bateaux sur le Nil et charriés sur des rondins de bois ou des traîneaux.
En dehors des temples et des tombeaux, les ouvriers égyptiens construisent pour les pharaons et les hauts dignitaires des palais somptueux. Ces édifices peuvent comporter un étage. Au centre de la façade du palais de El Amarna, du côté de la rue, s'ouvre le « balcon aux royales apparitions ». Pour la fête d'Amon, le souverain s'y présente à la foule, en compagnie de la reine. L'intérieur du palais comprend des cours, des salles à colonnes, des chambres et des salles de bains.

Pour débiter ce bloc de granit, les ouvriers ont percé des trous dans lesquels ils ont fiché des coins de bois. Une fois arrosés, ceux-ci se sont dilatés et ont fait éclater la pierre.

Les maisons de l'Ancien Empire, construites en bois et en roseaux et subtilement décorées, ont beaucoup inspiré l'architecture égyptienne.

Des ouvriers façonnent un bloc pour lui donner la forme et les dimensions voulues. Pendant que certains le mesurent, un autre rectifie les aspérités au maillet et au ciseau.

Les colonnes des monuments égyptiens sont souvent ornées de motifs en forme de palmes ou de lotus et portent même parfois la tête de la déesse Hathor à oreilles de vache.

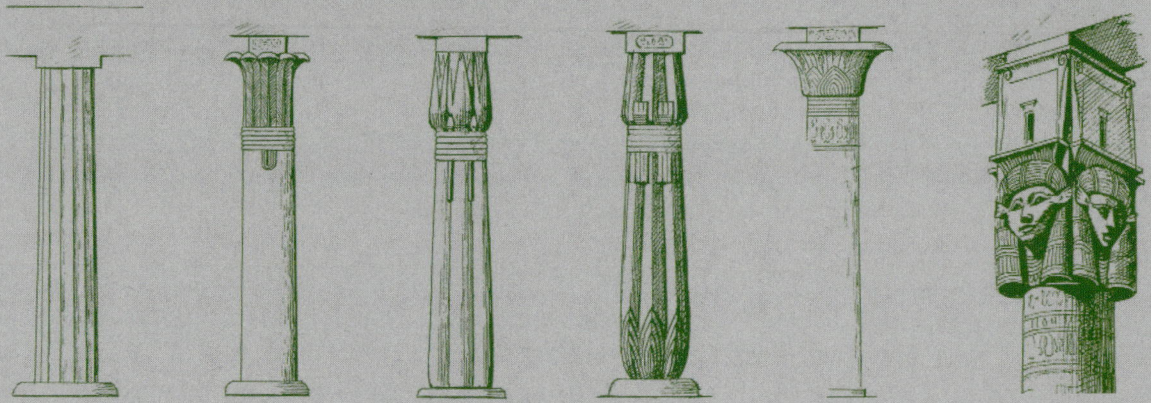

Des tombeaux géants

Les pyramides sont de gigantesques tombeaux construits par les Égyptiens de l'Ancien et du Moyen Empire, le long du Nil, pour abriter le corps des pharaons et leur rendre un culte après la mort.

La construction d'une pyramide ne peut commencer qu'après qu'un prêtre a déterminé la direction du nord en visant une étoile à son lever et à son coucher. Dès lors, des centaines d'hommes peuvent commencer à amener à pied d'œuvre les matériaux nécessaires.

Les proportions des pyramides sont considérables ; celle de Gizeh mesure 147 m de haut et 227 m de côté. Les blocs de pierre qui les composent étaient jadis revêtus de calcaire et de granit ; elles avaient un aspect lisse. Elles ont été construites grâce à l'emploi de rampes sur lesquelles une main-d'œuvre très nombreuse tirait les matériaux.

Les pyramides renferment un ensemble de chambres funéraires aérées par des galeries. Les sarcophages des rois et des reines étaient déposés dans ces chambres. L'entrée de la galerie menant au sarcophage est tenue secrète lors de la construction, sans doute pour décourager les pilleurs de tombes, mais surtout pour protéger le repos de l'âme du roi-dieu.

Sous le Nouvel Empire, les pharaons cessent de faire construire des pyramides. Ils prennent l'habitude de se faire ensevelir à l'ouest de Thèbes, dans la **Vallée des Rois.** Ils y font édifier de superbes temples funéraires, longs parfois d'une centaine de mètres et dont les parois sont ornées de décorations religieuses.

Entre l'Ancien Empire et le Moyen Empire, la forme des pyramides évolue. D'abord à degrés, elles présentent ensuite des faces régulières. Une voie couverte les relie au temple construit au bord du Nil.

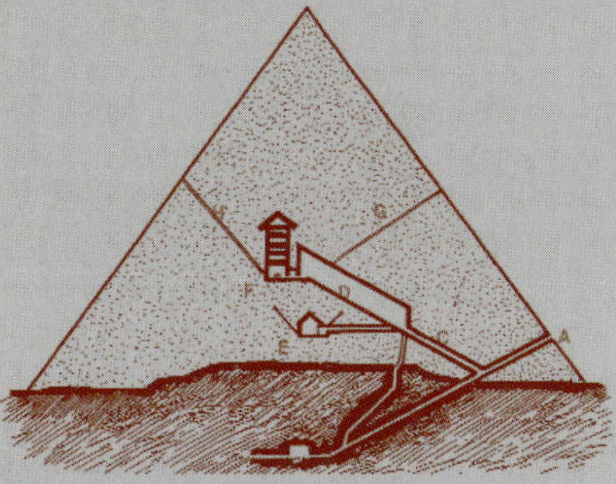

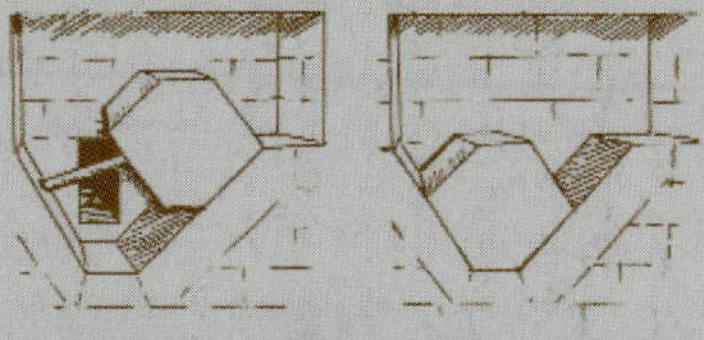

Certains blocs de pierre sont énormes. C'est le cas des dalles qui supportent le plafond de la chambre funéraire ou des blocs mobiles qui en verrouillent l'accès et interdisent aux pilleurs de tombes de pénétrer jusqu'à la salle du trésor.

Pharaon, un dieu sur Terre

Le pharaon est adoré comme une divinité. Sa fonction est de concilier, pour son royaume, les bienfaits de tous les dieux. Dieu lui-même, il tient en main les symboles de leur puissance surnaturelle : la crosse, le fouet et, sur sa couronne, le cobra « uraeus ».

L'éducation du pharaon commence dès son jeune âge. Des maîtres très attentifs lui apprennent en particulier les sports violents, comme la chasse, un jeu de prince. Il doit devenir un champion de tir à l'arc pour pouvoir poursuivre, plus tard, sur son char, les gazelles dans le désert et les abattre.
Pendant son règne, il est tenu de s'occuper des âmes des dieux, ses pères, pour que l'ordre de la nature ne soit pas troublé. Le soleil, le Nil, le printemps dépendent des dieux : le pharaon doit être un prêtre zélé et attentif. Maître de l'ensemble de la Terre et propriétaire de l'Égypte, il est responsable de l'irrigation, qui est minutieusement réglée par ses services. Il rend la justice conformément à la déesse **Maat**, qui l'inspire et lui souffle la sévérité ou l'indulgence.
Il doit se méfier de tout et redoute la trahison des gouverneurs des provinces éloignées. Deux grands vizirs, qui dépendent directement de lui, l'aident dans sa tâche et surveillent en permanence tout ce qui se passe dans le pays. Mais ils ne peuvent empêcher les courtisans d'intriguer dans le palais.

Un fonctionnaire va être récompensé par le pharaon pour la qualité de son travail. D'un balcon, il lui offre un collier d'or pesant plusieurs kilos.

Coiffé de la couronne de Basse-Égypte et tenant le sceptre et le fouet, symboles de son pouvoir, le pharaon, assis en majesté sur son trône, reçoit des mains de deux prêtres la couronne blanche de la Haute-Égypte.

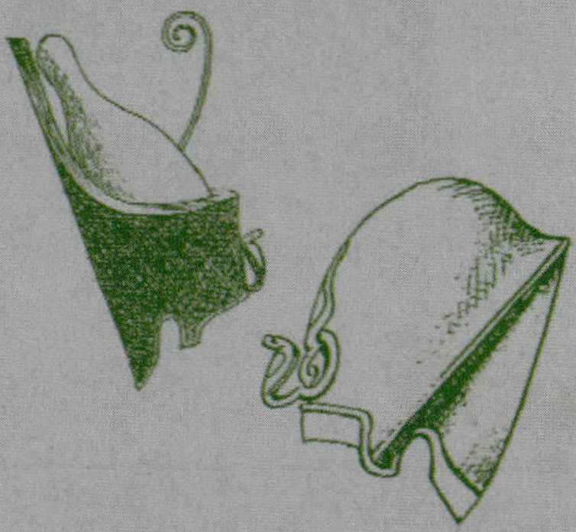

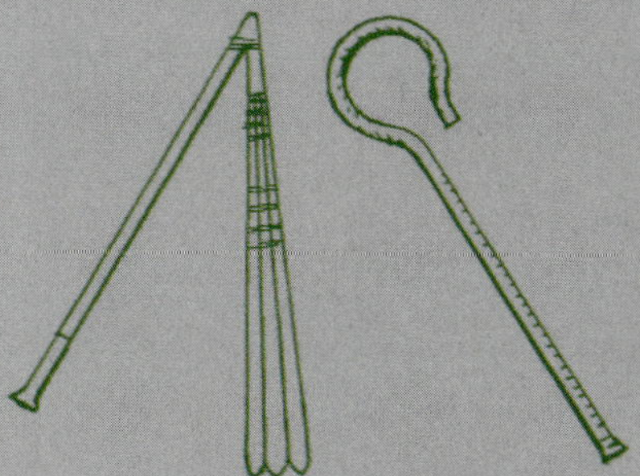

Les symboles royaux sont nombreux. Parmi eux, il y a des sceptres de différentes formes, la double couronne ou «pschent» qui réunit la couronne rouge du delta et la couronne blanche de la Haute-Égypte, la couronne bleue ou «khepresch» et la coiffure royale ou «némès» ornée du cobra, «uraeus», qui se porte avec une barbe postiche.

Des dieux en promenade

Pendant la crue du Nil, les Égyptiens, par centaines de milliers, se rassemblent à Thèbes au temple du dieu Amon. À l'intérieur du sanctuaire, les prêtres transportent la statue divine sur une barque en bois, parée de deux têtes de béliers.

Une autre barque, ornée d'une tête de femme, sert à transporter la statue de Mount, son épouse. Une troisième, portant une tête de faucon, abrite la statue de Khonsou, son fils.
Les dieux sortent ensuite du temple, cachés dans un **tabernacle** et portés par des hommes au crâne rasé qu'entourent des porteurs d'enseignes et d'éventails.
Des prêtres vêtus de peaux de panthères répandent de l'encens autour du cortège.
Au bord du Nil, les statues sont hissées sur une véritable barque richement décorée, puis sont lentement remorquées jusqu'à Karnak et **Louxor**. 24 jours plus tard, le dieu, suivi solennellement par sa femme et son fils, réintègre son temple, accompagné par une foule toujours aussi dense.
Pendant tout le trajet, sur les rives du fleuve, les pèlerins chantent des hymnes sacrées et participent à des banquets. Les filles dansent. Les marchands font fortune. Puis les paysans retournent dans leur village avec le sentiment d'avoir fait le nécessaire pour que l'année soit fructueuse.

Pendant la fête annuelle d'Opet, les prêtres portent en procession à travers le temple de Karnak **la barque d'Amon. L'image du dieu, enfermée dans un abri, est cachée aux yeux du public.**

Dans le but de régénérer la puissance royale après quelques années de règne, le pharaon dresse une colonne peinte et sculptée, le pilier *djed* dédié à la déesse Osiris.

Des prêtres sacrifient, au nom du roi, un taureau sauvage dont on consommera la chair pour s'en approprier les forces. Ces sacrifices d'animaux, exécutés lors des fêtes ou des funérailles, étaient rares.

Les habitants de Memphis adorent un dieu-taureau nommé Hapi. Pour lui rendre hommage, ils accompagnent en procession à travers la ville un taureau richement orné et le gavent de nourriture. À sa mort, on l'embaume et on l'enterre comme un roi dans un somptueux tombeau.

Dans le « saint des saints »

Les dieux sont très nombreux dans la religion populaire : plus de 700 ! Chaque région possède les siens, mais certains, plus importants, sont communs à tout le royaume comme Rê, le dieu-soleil, Nout, la déesse-ciel, ou Horus, le dieu-faucon.

Les temples sont la demeure des dieux : on les construit pour eux, comme on construit un palais pour le pharaon. Chaque matin, le grand prêtre du sanctuaire réveille le dieu en lui donnant l'accolade, insufflant ainsi la vie à la statue où repose son âme. Les prêtres sont éduqués dans les « maisons de vie », des temples, sortes d'écoles où ils apprennent tous les gestes, toutes les prières, tous les textes sacrés qui entourent le culte de chaque dieu. Les prêtres se succèdent de père en fils. Beaucoup de dieux comportent des aspects animaux, comme la déesse **Thouéris** au corps d'hippopotame ou **Anubis** à la tête de chacal. À condition que Pharaon leur fasse rendre à chacun le culte qui convient, ils protègent les hommes contre toutes les calamités qui menacent l'Égypte. Ainsi, Horus chasse Seth, le vent du désert, et Osiris, le dieu ressuscité, favorise le renouveau de la végétation. Le culte a pour but essentiel de maintenir l'ordre et l'harmonie du monde parce que seuls les dieux peuvent garantir l'équilibre des saisons, des planètes, des forces de la vie et de la mort.

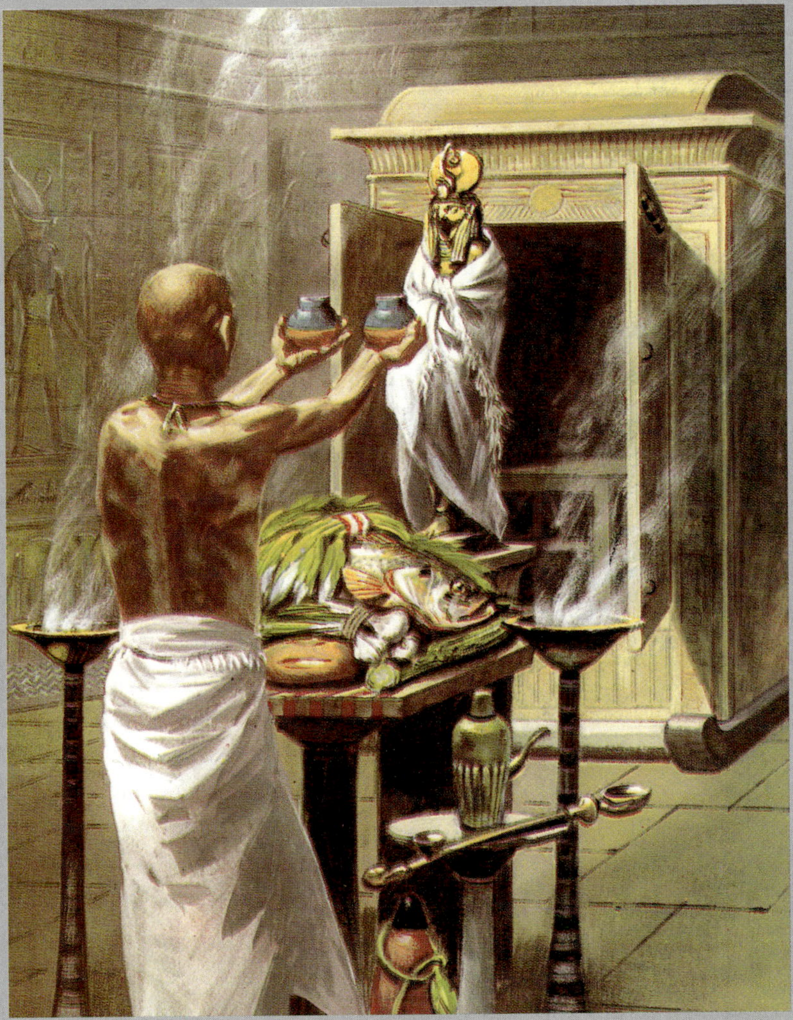

Les fidèles n'ont pas le droit de pénétrer dans le « saint des saints », le lieu où se trouve le tabernacle qui renferme la statue du dieu. Seuls les grands prêtres peuvent l'approcher, procéder à sa toilette et déposer à ses pieds des offrandes, en disant des prières.

Avant de pratiquer les rituels, les prêtres doivent se purifier et se livrer à des ablutions dans le lac sacré situé à l'intérieur de l'enceinte du temple et dont le niveau varie avec celui du Nil.

Si la taille des temples égyptiens est très variable, ils sont tous bâtis sur le même modèle. Une allée de sphinx conduit à une porte, encadrée par des pylônes, qui donne sur une cour, suivie par une salle hypostyle qui précède la salle de la barque et le sanctuaire.

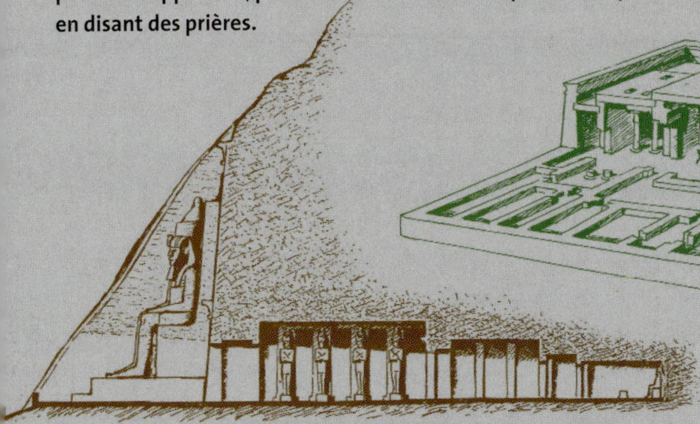

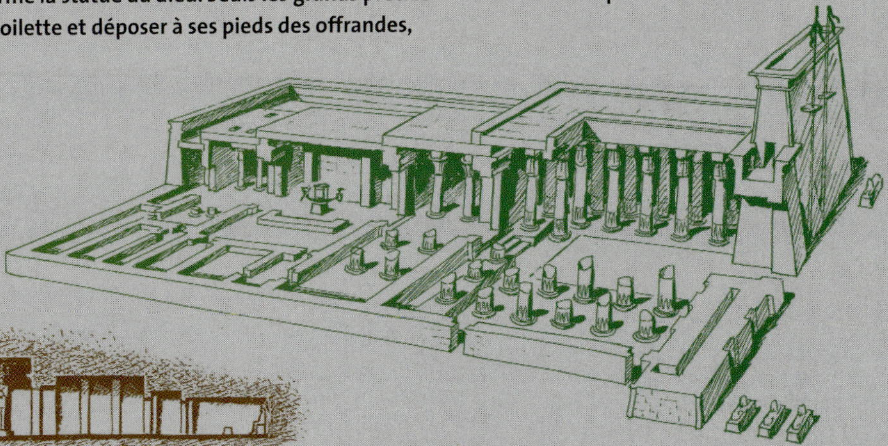

Isis, déesse du Nil

À l'origine vivait Rê, le dieu du Soleil, maître de l'Univers. Il eut trois enfants : Nout, Geb et Shou. Il entreprit alors de créer et d'agencer le monde.
– Geb, mon fils, tu seras le dieu de la Terre. Ton corps s'étendra des confins du levant jusqu'aux frontières du couchant.
– Nout, ma fille, tu seras la déesse du Ciel. Ton corps se courbera au-dessus de la Terre pour former la voûte céleste, constellée d'étoiles. Le mariage te sera interdit.

Isis, déesse du Nil

À l'origine vivait Rê, le dieu du Soleil, maître de l'Univers. Il eut trois enfants : Nout, Geb et Shou. Il entreprit alors de créer et d'agencer le monde.

Isis, la déesse ailée, est la divinité égyptienne la plus populaire. Elle devient la Déesse Mère.

Geb, mon fils, tu seras le dieu de la Terre. Ton corps s'étendra des confins du levant jusqu'aux frontières du couchant.

– Nout, ma fille, tu seras la déesse du Ciel. Ton corps se courbera au-dessus de la Terre pour former la voûte céleste, constellée d'étoiles. Le mariage te sera interdit.

– Shou, tu seras le dieu de l'Air, tu sépareras Nout de Geb et tu veilleras à ce que soit respectée ma volonté.

Mais la déesse du Ciel trompe la vigilance de Shou et s'unit au dieu de la Terre dont elle attend bientôt cinq enfants. En l'apprenant, Rê entre dans une colère terrible et lance cette imprécation :

– Que ma malédiction s'abatte sur toi, fille impie. Tu n'accoucheras ni au cours d'un mois, ni au cours d'un an. Je te voue à la stérilité éternelle !

Résolue à conjurer la malédiction de son père, Nout va trouver Thot, le dieu à tête d'ibis, maître du Temps. Elle le défie aux dés. La chance est avec Nout. Elle gagne la partie. Thot s'incline.

– Quel gage exiges-tu pour prix de ma défaite ?

– Tu connais la terrible malédiction de Rê. J'implore ta bonté ! Aide-moi à donner le jour aux cinq enfants infortunés que je porte.

Thot accepte. Il crée cinq jours supplémentaires au calendrier, qui viennent s'ajouter aux trois cent soixante existants.

Aux cinq jours dits, Nout accouche secrètement de cinq enfants : Osiris, l'aîné au brun visage, Seth le Rouge, Isis la magicienne, Nephtys et Horus l'Ancien. Quelques années plus tard, Osiris hérite du royaume de son père Geb. Il épouse la sage Isis, monte sur le trône d'Égypte et devient pharaon.

Dans son palais, Osiris réfléchit. Dans tout son royaume, des hordes d'hommes sauvages vivent misérablement. Il décide de leur montrer

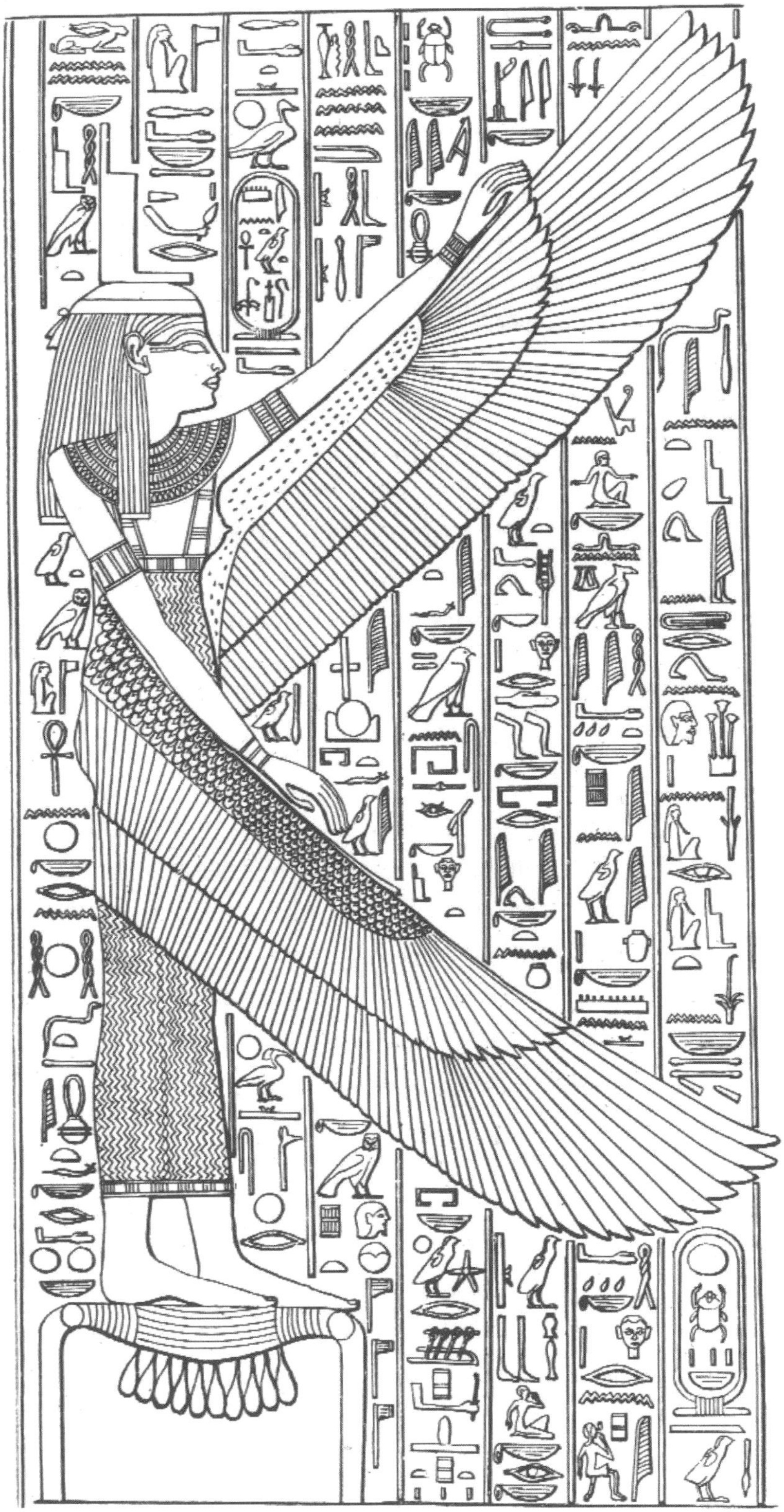

Thot, le dieu de la Sagesse et de la Connaissance, inventeur de l'écriture, du calcul et du calendrier.

comment planter et couper le blé. Isis, entourée de femmes, broie les premiers grains qui se changent rapidement en farine. Osiris plante ensuite la première vigne. Puis il montre aux hommes comment vendanger. Pendant qu'il leur apprend à fabriquer des outils, Isis initie les femmes aux secrets du tissage. Elle leur apprend aussi le pouvoir des onguents magiques qui soulagent et préviennent les maladies. Osiris donne aux hommes des lois justes et leur inculque le respect des dieux. L'Égypte est maintenant prospère et paisible. Osiris décide alors de parcourir le monde pour le civiliser et transmet son pouvoir à Isis.

De retour dans son royaume d'Égypte, les hommages et la ferveur croissante témoignés à Osiris suscitent la jalousie de son frère Seth, le dieu du Désert stérile.

– Pourquoi Osiris n'a-t-il pas trouvé la mort dans les lointaines contrées ? se lamente-t-il. J'aurais pu monter sur le trône d'Égypte et régner sur la vallée riante et fertile du Nil ! Pauvre que je suis, je gouverne seulement des étendues désolées où pullulent les chacals et les vipères à cornes !

Une idée diabolique germe subitement dans l'esprit du dieu jaloux.

– Chancelier, convoque immédiatement le chef de mes ébénistes. Il me faut pour ce soir un coffre long de dix coudées ! Je veux qu'il soit le plus beau qui puisse exister !

Puis Seth bondit hors du palais, monte sur son char et se porte en toute hâte au-devant de son frère aux portes de Memphis.

– Frère aîné, salut à toi ! Ton souffle est doux pour celui qui t'accueille. Ce soir, sois mon hôte au festin préparé pour célébrer ton retour !

Dans la grande salle des banquets aux hautes colonnes en forme de fleur de papyrus et aux murs décorés de peintures florales, Seth a réuni ses soixante-douze plus fidèles compagnons. Il les interpelle :

– Compagnons, prouvez-moi votre fidélité. Vous connaissez ma haine envers Osiris. Aidez-moi, ce soir, à l'enfermer dans un coffre taillé à sa mesure ! Au loin retentissent les trompes annonçant l'arrivée du pharaon. Les grandes portes de cèdre s'ouvrent et Osiris, immense, apparaît sur le seuil. La fête peut commencer. Seth fait un signe à l'une des servantes. Aussitôt, des serviteurs apportent un immense coffre d'ébène, plaqué d'ivoire. Les convives se récrient d'admiration. Seth propose alors un jeu.

– Amis, je destine ce coffre à celui d'entre vous qui en remplira exactement le volume !

Tous se précipitent et l'essaient à tour de rôle. En vain ! Le coffre est bien trop grand.

– Laissez-moi essayer aussi, dit Osiris en riant.

Il s'étend et, à sa grande surprise, le coffre se révèle être exactement à sa taille. Seth éclate alors d'un rire effrayant et rabat violemment le lourd couvercle.

– Compagnons, aidez-moi à clouer le bois dur. Apportez le plomb fondu pour sceller ce qui sera le cercueil d'Osiris !

Les conjurés entourent le dieu du Désert. Les serviteurs d'Osiris, comprenant la trahison, s'enfuient.

Les reflets de la pleine lune dansent à la surface du bassin aux lotus. Isis attend impatiemment le retour d'Osiris. Le bruit d'un char et le hennissement des chevaux la tirent de sa rêverie. Les portes laissent passer un compagnon d'Osiris, pâle et défait. Il s'avance gravement vers Isis.

– Ô Reine ! Osiris est mort ! Seth, le maléfique, par une odieuse ruse, a réussi à l'attirer dans un guet-apens. Il a enfermé ton époux dans un grand coffre qu'il a fait disparaître. Personne ne sait ce qu'il en est advenu. Seth est désormais pharaon ! Quitte ce palais au plus vite, ta vie est en danger.

Isis chancelle et s'évanouit de douleur. Lorqu'elle reprend connaissance, elle n'a plus qu'une obsession : retrouver Osiris. Abandonnant son fier palais, elle part à la recherche d'Osiris. Dans sa quête éperdue, Isis interroge tous ceux qu'elle croise sur sa route : pèlerins, soldats, marchands, humbles habitants des villages en roseaux.

– Avez-vous vu, un soir de pleine lune, des hommes portant un coffre merveilleux ?

– Non, nous n'avons rien vu de pareil, lui répond-on invariablement. La dépouille d'Osiris semble s'être volatilisée ! Un soir, la reine arrive

Représentation d'une scène de banquet.

près d'un village au bord du Nil. C'est alors que la senteur exquise d'une fleur jaune la submerge. Elle reconnaît le mélilot, la fleur préférée d'Osiris.
– Est-ce un indice ?
Isis en est convaincue. Elle s'engage, confiante, sur le chemin qui longe la mer et suit le liseré de fleurs brillantes. Une voix divine s'élève et murmure à son oreille :
– Isis, ne perds pas courage, tu vas bientôt toucher au but. Poursuis jusqu'à l'éclatante ville de Byblos, riche en bois de cèdre ! Tu y trouveras Osiris. Le coffre s'est échoué sur le rivage, au pied d'un pin. La puissance divine d'Osiris s'est transmise à cet arbre : il s'est mis à pousser à une vitesse extraordinaire, enfermant le coffre dans le tronc. Émerveillée devant la splendeur de cet arbre gigantesque, Malcandre, roi de Byblos, l'a fait abattre pour en faire la plus belle colonne de son palais.
Isis, reprenant espoir, aperçoit dans le lointain, au pied des monts du Liban, la tour de feu qui guide les bateaux vers le port de Byblos.
Isis, exténuée de fatigue, s'est endormie près d'une fontaine toute proche du palais royal de Byblos. Dès le lever du jour, à l'heure où Rê ouvre ses paupières, elle est tirée de son sommeil par les exclamations des porteuses d'eau :
– Bienvenue, belle étrangère. Ne viens-tu pas de la lointaine Égypte, fertile en sortilèges ?
Isis acquiesce. L'une des jeunes femmes approche.
– Que tes cheveux sont savamment tressés ! Viens dans notre maison. Tu nous enseigneras les secrets de ta beauté.
Isis a accepté d'initier celles qui l'ont accueillie aux raffinements de la toilette égyptienne. Coiffées, maquillées et parfumées, les porteuses d'eau remontent au palais. Émerveillée par leurs parures et envoûtée par leur parfum, la reine de Byblos les interroge :
– Que vous êtes belles ! Qui vous a enseigné cet art inconnu de nous ?
– Ô Reine, il y a près de la fontaine une Égyptienne douce et belle ; c'est d'elle que nous tenons ce parfum incomparable !
– Qu'on la fasse chercher et qu'elle vienne nous conter son histoire.

La pesée de l'âme : la défunte est introduite par Horus le dieu faucon. Anubis, le dieu chacal met son cœur en balance avec la vérité.

La reine est bien vite impressionnée par le savoir et la délicatesse d'Isis. Elle décide d'en faire sa confidente et la nourrice de son nouveau-né. Isis coule des jours paisibles auprès de la reine de Byblos, veillant avec tendresse sur le royal nourrisson. Mais la nuit venue, la magicienne se métamorphose en hirondelle et tournoie autour de la colonne où repose Osiris en lançant des cris plaintifs. Une nuit, la reine veut contempler son fils dans son sommeil. Elle trouve le berceau auréolé de flammes. Elle pousse un tel cri que tout le palais accourt.

– Que l'on retrouve l'Égyptienne : elle a voulu tuer mon enfant !

Isis apparaît aussitôt. Elle étend les mains et les flammes disparaissent comme par enchantement

– Reine, tu as douté de moi. C'est pour rendre ton enfant immortel que j'ai fait brûler ce feu magique. Le charme est rompu, ton fils ne sera jamais éternel !

Au même moment toute la Cour reconnaît la déesse magicienne et l'honore. Le roi, prévenu de cet événement prodigieux, se hâte auprès d'elle.

– Ô Isis, Grande Déesse, pourquoi avoir choisi notre demeure pour ton exil ? Qu'attends-tu de nous ?

Représentation d'une scène de funérailles.

– Je veux le plus bel ornement de la salle du trône. Oui, je veux cette monumentale colonne !

Les charpentiers royaux s'empressent d'abattre le tronc gigantesque. Isis fend elle-même le bois sur toute sa longueur. À la stupeur générale, on voit alors apparaître le coffre funèbre. Isis, en larmes, se précipite vers le cercueil de son époux. À l'aube, Isis appareille pour l'Égypte, emportant avec elle la précieuse dépouille d'Osiris. Elle s'est résolue à cacher le coffre dans les marais déserts de Chemmis. Mais, un soir de pleine lune, Seth le Rouge chasse le gibier d'eau dans les marécages du Grand Fleuve. Son regard est attiré par une ombre étrangement massive. Dans la clarté laiteuse, un coffre d'une taille imposante resplendit. Seth se rue sur le coffre. Il y découvre le visage calme et bon d'Osiris. Fou de rage, mû par une force bestiale, Seth se précipite sur le corps d'Osiris qu'il déchiquette en quatorze morceaux. Sa sinistre besogne terminée, le jaloux éparpille les morceaux du corps aux quatre coins du fleuve marécageux.

– Cette fois, Isis ne risque pas de le retrouver ! ricane Seth en se perdant dans la nuit.

Isis a découvert l'effroyable crime. Elle est terrassée par le chagrin. Mais bientôt, elle se ressaisit. À bord d'une barque de papyrus, la magicienne sillonne les bras du delta et finit par retrouver les morceaux du corps d'Osiris. Elle fait construire, en grande pompe, pour chacun d'entre eux, un faux tombeau afin de mystifier le terrible Seth. Elle en

appelle alors à sa sœur Nephtys aux grandes ailes d'oiseau et au fidèle Anubis à la tête de chacal. Ce dernier ordonne les préparatifs :
– Qu'on apporte un long lit d'albâtre à tête de lionne. J'y reconstituerai le corps d'Osiris !
Sous les doigts d'Anubis, le corps morcelé d'Osiris reprend forme. Anubis, de sa petite hache, touche les sept ouvertures du visage du roi. Nephtys l'évente de ses grandes ailes pour faire renaître en lui le souffle de la vie. Tout à coup, le corps d'Osiris tressaille. Le pharaon ouvre imperceptiblement les yeux. Il est ressuscité ! L'amour d'Isis a triomphé de la mort.
Osiris règne désormais sur le Royaume des morts. Isis, sa compagne, l'a rejoint dans l'au-delà. Coiffé de la double couronne, les deux sceptres en main, Osiris, assis sur son trône d'or, préside le Tribunal des morts entouré de quarante-deux juges. Isis et Nephtys se tiennent à ses côtés.
– Faites entrer le défunt !
Maât, la déesse de la Justice et de la Vérité, s'avance, la tête ornée d'une longue plume d'autruche. Elle introduit un homme tout de blanc vêtu. L'homme salue Osiris :
– Hommage à toi, Osiris, seigneur de l'éternité, maître des vérités, roi des dieux !
Il tend ses mains vers Osiris et clame son innocence. Anubis, chargé de vérifier ses affirmations, lui prend le cœur et se dirige vers la haute balance surmontée de l'emblème de la Vérité, placée au milieu de la pièce. C'est la pesée du cœur !
– Regarde, mortel, je vais le déposer sur l'un des plateaux de la balance. Si ton cœur est plus lourd que la plume d'autruche de Maat posée sur l'autre plateau, c'est que tu n'as pas dit la vérité. Tu seras alors dévoré par le monstre, moitié lion, moitié crocodile.
Les plateaux oscillent l'un après l'autre. Ils s'arrêtent. La balance est en équilibre. Thot note soigneusement, à l'aide d'une tige de roseau, le résultat du jugement sur sa palette de scribe. Admis au paradis, le défunt se prosterne une ultime fois devant Isis et Osiris.

Nephtys, autre déesse ailée, est la sœur d'Isis et d'Osiris et l'épouse de Seth.

A

Albâtre : variété de gypse de couleur blanche.

Amon-Rê : dieu solaire adoré à Thèbes.

Anubis : dieu des Morts, à tête de chacal.

B

Bédouins : population nomade du désert.

Boisseau : ancienne unité de mesure.

Bronzier : artisan qui travaille le bronze.

C

Cannaie : plantation de cannes à sucre ou de roseaux.

Carrier : tailleur de pierre travaillant dans une carrière.

Claire-voie (à) : qui laisse passer le jour, qui présente des vides.

Colonnade : ensemble de colonnes sur une ou plusieurs rangées.

Comptoir : établissement commercial installé dans un pays étranger.

Cornaline : pierre utilisée en joaillerie.

D

Delta : région située au nord de l'Égypte où le Nil se divise en de nombreux bras avant de se jeter dans la mer.

F

Famélique : qui ne mange pas à sa faim.

G

Gangue : matière qui entoure un minerai à l'état naturel.

H

Horus : dieu à tête de faucon, fils d'Isis et d'Osiris.

Hypogée : sépulture souterraine.

Hypostyle (salle) : pièce dont le plafond est soutenu par des colonnes.

K

Karnak : le plus grand temple de la ville de Thèbes.

L

Lapis-lazuli : pierre fine de couleur bleue.

Limon : terre riche, transportée par un fleuve, qui se dépose dans son lit ou sur ses rives.

Loriot : petit oiseau au plumage jaune.

Louxor : ville d'Égypte située sur l'emplacement de la Thèbes antique.

Luth : instrument de musique à cordes pincées, ancêtre de la guitare.

M

Maat : déesse de la Vérité et de la Justice.

Madrier : planche très épaisse.

Mangouste : petit mammifère carnivore d'Asie et d'Afrique qui, domestiqué, chasse les rats et les serpents dans les maisons.

Mercenaire : soldat professionnel qui loue ses services à un souverain étranger.

Momie : cadavre embaumé.

N

Natte : pièce de tissu faite de brins de végétaux entrelacés et qui peut servir de couchette ou de tapis.

Notable : personne qui occupe un rang social élevé et qui a de hautes responsabilités.

Nout : la déesse du Ciel.

O

Oryx : sorte de gazelle vivant dans le désert.

Osiris : le dieu qui jugeait les morts. Il est l'époux d'Isis.

P

Papyrus : plante commune sur les rives du Nil dont les Égyptiens se servaient pour fabriquer toutes sortes d'objets dont du papier pour écrire.

Proue : l'avant d'un bateau.

Pylône : Massif architectural édifié à l'entrée du temple égyptien dans lequel on a ménagé une porte qui permet d'accéder dans la grande cour bordée de chaque côté d'une colonnade.

Q

Quartzite : roche constituée d'agrégats de quartz.

R

Rame de poupe : rame servant de gouvernail.

S

Sarcophage : boîte sculptée à l'image du mort dans laquelle on déposait le corps du défunt.

Schiste : roche dure mais facile à débiter.

Sépulture : lieu où est déposé le corps du défunt.

Seth : frère d'Isis et d'Osiris, c'est le dieu du Désordre et des Forces destructrices.

Somalis : région située sur la côte sud-ouest de la mer Rouge et dans le golfe d'Aden (sans doute l'emplacement du mythique pays de Pount).

T

Tabernacle : petite armoire enfermant la figurine du dieu.

Thouéris : déesse au corps d'hippopotame.

V

Vallée des Rois : nécropole royale de Thèbes.

La civilisation égyptienne